ÉLOGE BIOGRAPHIQUE

DE

M. J.-B. TAILHAND,

PRÉSIDENT DE CHAMBRE A LA COUR D'APPEL DE RIOM,

ET DIRECTEUR DE L'ACADÉMIE DES SCIENCES, BELLES-LETTRES ET ARTS DE CLERMONT-FERRAND;

PAR M. H. CONCHON,

Conseiller à la Cour de Riom et membre de l'Académie de Clermont.

OUVRAGE LU A L'ACADÉMIE, DANS SA SÉANCE DU 6 DÉCEMBRE 1849.

CLERMONT,

IMPRIMERIE DE THIBAUD-LANDRIOT FRÈRES,

Libraires, rue Saint-Genès, 10.

1850.

ÉLOGE BIOGRAPHIQUE

DE

M. J.-B. TAILHAND,

PRÉSIDENT DE CHAMBRE A LA COUR D'APPEL DE RIOM,

ET DIRECTEUR DE L'ACADÉMIE DES SCIENCES, BELLES-LET-
TRES ET ARTS DE CLERMONT-FERRAND ;

Par M. H. CONCHON,

Conseiller à la Cour de Riom et membre de l'Académie de Clermont.

———

OUVRAGE LU A L'ACADÉMIE, DANS SA SÉANCE DU 6 DÉCEMBRE 1849.

CLERMONT,

IMPRIMERIE DE THIBAUD-LANDRIOT FRÈRES,

Libraires, rue Saint-Genès, 10.

—

1850.

ÉLOGE BIOGRAPHIQUE

DE

M. J.-B. TAILHAND,

PRÉSIDENT DE CHAMBRE A LA COUR D'APPEL DE RIOM,

ET DIRECTEUR DE L'ACADÉMIE DES SCIENCES, BELLES-LETTRES ET ARTS
DE CLERMONT.

MESSIEURS,

Si nous regardons autour de nous, nos cœurs sont saisis d'un profond sentiment de tristesse : le vide s'est fait dans nos rangs. Trois hommes distingués par la science ne répondent plus à notre appel. Gonod, Tailhand, le docteur Bertrand, du Pont-du-Château, se sont, à peu de distance, suivis dans la tombe ; et nous, leurs collaborateurs, nous avons eu la douleur de faire trois stations devant la mort. Triste et inexorable condition de la destinée humaine ! Il semble, pauvres voyageurs que nous sommes, que chacune de nos étapes dans la vie soit marquée par un cercueil. Ainsi, l'année qui va bientôt finir a été pleine de deuil pour l'académie : à Rome elle eût été notée par une pierre noire.

Ce que furent les collègues que nous avons perdus,

à nous il appartient de le dire , car il y a , dans cette nécrologie, un hommage à la mémoire de ceux qui ont vécu, et un enseignement à ceux qui survivent.

En acceptant , pour ma part, la mission de vous entretenir de notre vénérable directeur , je sais que mes paroles n'ajouteront rien aux sympathies dont vous lui avez donné de si fréquents témoignages ; je sais que tous les faits de sa biographie trouveraient ici des historiens plus habiles que moi à vous en présenter le tableau ; mais je sais aussi que , dans cette esquisse d'une vie et d'un caractère que vous connaissez , si le pinceau du peintre reste fidèle à la ressemblance , vous vous montrerez indulgents pour le coloriste. C'est cette pensée , Messieurs, qui m'a encouragé à ne pas décliner un honneur qui revenait surtout au talent du collègue qui l'a revendiqué pour moi-même (1).

Entre le berceau et la tombe de M. Tailhand , de grandes passions furent aux prises avec de grands intérêts ; et, quoique ses habitudes studieuses et sa nature tolérante semblassent devoir l'éloigner du champ de bataille , il était difficile qu'il y demeurât complétement étranger. Aussi, Messieurs, le rencontrerons-nous quelquefois s'arrachant aux calmes

---

(1) M. Dumolin, président de chambre à la Cour d'appel de Riom.

méditations du cabinet pour se mêler aux orages de la place publique. Mais, dans cette partie de sa carrière, nous le verrons toujours, à la différence de tant de popularités de la tribune ou de la rue, intervenir pour calmer, jamais pour irriter : c'est que si les ardentes aspirations de la jeunesse purent, dès ses débuts, le jeter dans le progrès révolutionnaire, elles n'eurent pas la puissance de lui faire perdre ce respect à la loi et au principe d'autorité qu'il avait, en quelque sorte respiré, dans cette atmosphère parlementaire au milieu de laquelle s'étaient écoulées les premières années de son existence.

Toutefois, Messieurs, en réfléchissant sur notre mandat, il nous a paru que si le citoyen qui eut épisodiquement son rôle dans quelques faits de la politique de cette province ne pouvait être négligé, c'était surtout l'homme privé, le savant modeste, l'avocat et le magistrat qui, étant l'objet de vos souvenirs les plus précieux, devait être le sujet principal de nos études.

Jean-Baptiste Tailhand est né à Riom le 12 novembre 1771. Son père était procureur en la sénéchaussée et siége présidial de cette ville ; sa mère (Marie-Anne Romme) fut la sœur de deux hommes dont l'un eut de la renommée dans les sciences et l'autre dans l'histoire de notre première révolution.

L'aîné des deux frères (Charles), savant d'un haut mérite, n'eut que peu de rapports avec son neveu.

Professeur de navigation à Rochefort, sa vie fut consacrée tout entière aux devoirs de sa place et à des travaux astronomiques et nautiques qui le classèrent parmi les spécialités les plus distinguées du dix-huitième siècle ; son frère, Gilbert Romme, quoique riche, d'une vaste érudition, eut moins de réputation comme savant; il dut surtout sa célébrité au rôle qu'il joua à la Convention nationale et au stoïcisme de sa mort (1).

Il fut le premier instituteur du jeune Tailhand : c'est lui qui, dans un séjour de quelques mois, fait en Auvergne avec le comte de Strogonoff, dont il était le gouverneur, lui inspira cet amour pour l'étude qu'il conserva jusqu'aux derniers moments de sa vie. Il lui enseigna les éléments de la physique et des mathématiques, ceux de la botanique et de la minéralogie. Dans ses promenades, il s'efforçait à lui démontrer par les faits l'exactitude des principes, la vérité des théories. Romme fut pour son neveu plus qu'un professeur habile, il fut un ami; et ses sages conseils exercèrent sur toute sa carrière la plus salutaire influence.

M. Tailhand fut envoyé à Paris, en 1789, pour y commencer son cours de droit. Il était à peine âgé de 18 ans. Les premières scènes de la révolution

---

(1) Voir, à la suite, la note A.

l'impressionnèrent vivement. Son imagination, comme toutes celles de la jeunesse d'alors, s'exalta au spectacle que la France donnait à l'Europe. Il vit la tribune se passionner pour de grandes idées, et la place publique pour de grands orateurs; il vit une lutte violente entre les hommes de la vieille société qui tombait, et ceux d'une société nouvelle qui s'élevait sur ses débris. Mais les préoccupations de la politique et la gravité des événements qui se succédaient laissaient peu de place à l'étude. Quel jeune homme, en effet, ne préférait pas alors la fiévreuse agitation du club à l'atonique recueillement de la mansarde. M. Tailhand fut obligé de suspendre son cours; il revint dans sa famille.

Mais la pacifique cité de Riom n'était pas restée en arrière du mouvement républicain. Là aussi des sociétés populaires s'étaient organisées. Tailhand ne tarda pas à s'y faire remarquer. Les grâces extérieures de sa personne, l'élégante facilité de son élocution, lui eurent bientôt conquis les sympathies de ses compatriotes. Il obtint sur eux cette autorité que donnent le talent et le courage, quand ils sont inspirés par une pensée généreuse. Quelques faits de sa vie politique vous le montreront faisant un noble usage de cette popularité qui s'était attachée à lui, et n'hésitant pas toutefois à en secouer le joug, alors qu'un devoir d'amitié lui en imposait le périlleux sacrifice. Ce sont autant d'épisodes à l'histoire des trou-

bles civils de notre première révolution ; permettez-
moi de vous en faire le récit.

L'on était en l'année 1792 ; les habitants de plusieurs communes voisines de Riom s'étaient réunis
dans cette ville aux cris de *Vive la République !* Un
citoyen signalé par ses opinions aristocratiques (M. Assolant), eut l'imprudence de tenir quelques propos
contre la révolution. La liberté, telle qu'on commençait à la comprendre, s'en irrita, et l'aristocrate,
poursuivi dans les rues par la population ameutée,
fut obligé de se réfugier dans une maison particulière. Cette maison, située près du palais, appartenait à M. Ballet. L'asile ne fut point respecté ; les
portes furent brisées et la propriété d'un homme généreux fut livrée au pillage. Après cet acte l'on me-
naça de faire subir le même sort aux maisons voisines,
car c'était ainsi que procédait ce qu'on appelait à cette
époque, ce qu'on appelle encore aujourd'hui, la justice du peuple. Cependant M. Assolant était parvenu
à se soustraire à cette justice furibonde. Mais le danger était imminent : l'autorité avait fait braquer des
canons et le sang pouvait couler. M. Tailhand ne
consulta que son courage : il parut au milieu de
l'émeute, fit entendre des paroles de conciliation ;
sa voix fut écoutée : la colère s'arrêta, et la ville fut
préservée. Tel était le citoyen à l'âge de 21 ans. Ce
que fut l'ami dévoué, je vais vous le dire.

En 1794, un des habitants les plus honorables de

Riom (M. Davaux) avait été traduit au tribunal révolutionnaire : la nouvelle en fut transmise à la famille : elle y jeta la consternation. Madame Davaux, tout éplorée, vint auprès de M. Tailhand chercher une consolation et un conseil. Le conseil ne se fit point attendre. Le jeune homme fait à l'instant seller un cheval de poste : il part en courrier pour Paris ; l'espace est franchi en 28 heures. Aussitôt arrivé, il obtient la faveur de voir le prisonnier : cette faveur était un péril : car, dans ces temps de fraternité, l'on était criminel par sympathie : la loi avait créé ce genre de complicité. M. Tailhand se fait expliquer l'affaire de M. Davaux ; elle était de nature à ne laisser aucun espoir ; il était accusé du crime d'aristocratie. M. Tailhand revint à Riom après avoir fait des démarches qui ne pouvaient aboutir qu'à le compromettre. En le voyant, madame Davaux comprit qu'il ne lui restait plus qu'un devoir à remplir ; elle partit pour Paris, espérant y arriver assez tôt pour faire un dernier adieu à celui qui allait mourir. Mais l'œuvre révolutionnaire avait marché plus vite encore que la tendresse de l'épouse. Madame Davaux ne pleura point, car elle savait qu'elle aussi comparaîtrait devant l'impitoyable tribunal. Elle cria *Vive le roi !* et huit jours après elle avait rejoint son mari. Pardonnez-moi, Messieurs, ce triste récit ; je vous le devais moins sans doute parce qu'il rappelle une douloureuse époque que parce qu'il met en relief de nobles caractères qui appartiennent à notre Auvergne.

Cette popularité que le jeune patriote avait compromise par son dévouement au malheur d'une famille proscrite, il la retrouva tout entière quelques années plus tard.

Le Directoire, vous le savez, Messieurs, avait, après la journée du 9 thermidor, succédé au comité de Salut public. Une énergique réaction s'était opérée, et le parti de l'ancien régime ne dissimulait ni ses projets ni ses espérances. A Riom, il se montrait peut-être plus nombreux et plus actif que dans les autres villes de notre province. Il y avait des réunions, il se tenait des conciliabules où se tramaient, disait-on, des complots contre la République. Un jour les aristocrates avaient donné un dîner dans une maison du boulevart. Ce dîner fut l'objet de vives critiques et de plaisanteries de mauvais goût. Ceux qui y avaient pris part furent désignés sous une appellation empruntée au plus grossier vocabulaire (1). Bientôt cette appellation fut jetée à la face du parti aristocratique. Quelques jeunes gens s'en trouvèrent offensés : des querelles s'ensuivirent, et la ville fut menacée d'une sanglante collision. Déjà l'on s'était armé de piques, de fusils et de hallebardes. Les communes allaient être averties : on se portait à l'horloge

---

(1) On les appelait *mangeurs de tripes*.

pour y sonner le tocsin : mais un homme veillait à la porte ; c'était M. Tailhand. Des armes entouraient le courageux citoyen : sa vie était en danger. « Vous » passerez sur mon corps, s'écria-t-il, avant de » monter au clocher ; renversez ce rempart, si vous » l'osez. » La foule s'arrêta, le silence se fit ; la parole persuasive de l'homme de la cité put encore être écoutée, elle eut raison de l'émeute.

L'attachement de M. Tailhand à sa ville natale ne se démentit dans aucune occasion. A l'époque de la réorganisation des tribunaux, une lutte vive s'était engagée entre Riom et Clermont. Le chef-lieu du département voulait obtenir le siége de la cour. Si cette prétention eût été accueillie, Riom eût perdu à coup sûr le plus beau fleuron de sa couronne. Clermont invoquait l'importance de sa population, le mouvement toujours croissant de son commerce, les souvenirs du conseil supérieur dont il avait été doté lors de la dislocation du parlement de Paris, le besoin de réunir dans un centre unique les deux pouvoirs auxquels viennent aboutir tous les intérêts des citoyens. Riom faisait valoir ses antécédents judiciaires. De tout temps cette ville renommée par l'éclat de son barreau avait été la terre classique de la jurisprudence. Si pendant trois années le conseil supérieur avait résidé à Clermont, le passage éphémère de cet enfant avorté du chancelier Maupou ne pouvait être mis en parallèle avec la permanence bien plus que séculaire de la sénéchaussée d'Auvergne, cette grande juridiction qui avait donné à la province tant de bons arrêts, et au pays tant de personnages célèbres dans la science du droit. Le procès était difficile ; il fut chaudement débattu. M. Tailhand avait son rôle dans la défense de Riom : il s'y dévoua entièrement. Les recherches historiques pour la préparation des mémoires, les voyages à Paris, les démarches personnelles auprès des autorités qui devaient prononcer entre les deux prétentions rivales, tout ce qu'il avait d'activité et de zèle patriotique, furent mis au service de sa cliente. M. Tailhand est certainement un de ceux qui ont le plus contribué à décider le succès en faveur de la ville de Riom (1).

Cette ville lui paya ses honoraires par une distinction qui devint en quelque sorte inamovible dans sa personne. Il a constamment figuré dans les conseils de la commune, dont il fut toujours l'un des membres les plus assidus et les plus laborieux.

La vocation de M. Tailhand et la direction de ses études l'appelaient au barreau. Il y trouva, dès ses débuts, des adversaires qui avaient vieilli dans la pratique du droit, et l'exercice de la plaidoirie : Pagès y commençait sa réputation ; Pagès, renommé par l'élégante facilité de son langage, et les ingé-

____

(1) Voir, à la suite, la note B.

nieuses saillies de son esprit. Plus tard, il y rencontra Delapchier, remarquable par la nerveuse et savante logique de sa discussion, et Charles Bayle, cet habile dialecticien dans les causes civiles, ce puissant joûteur de cours d'assises, l'un des orateurs qui savaient le mieux faire miroiter un fait aux yeux du jury; l'un de ceux qui ont le plus arraché de têtes à la hache du bourreau; Charles Bayle, l'avocat aux créations improvisées, aux inspirations soudaines, incorrect et vulgaire à l'état de calme, mais dont la pensée s'épurait au foyer de ses passions d'où sortaient des éclairs d'éloquence. D'autres rivaux s'y distinguaient aussi à des titres divers. Ceux-là, Messieurs, je suis heureux de ne pas les nommer, car je ne dois parler que de ceux qui ne peuvent plus m'entendre.

M. Tailhand porta noblement, pendant près de quarante années, la robe d'avocat. Il eut de la célébrité à la cour d'assises et dans les procès civils. Le barreau et le pays n'ont point oublié certaines causes où son talent parut avec éclat. L'on se rappelle encore l'affaire des accusés de Combronde, celle des assassins du midi, Servant et Truphany, misérables dont les forfaits n'avaient pas même la banale excuse de l'opinion, et qui trouvèrent au barreau deux hommes de cœur qui plaçaient si haut le droit sacré de la défense, qu'ils ne craignirent pas de lui sacrifier, pendant quelques instants, cette popularité qu'ils s'étaient acquise par les plus honorables triomphes oratoires.

Durant l'existence de la cour prévotale, alors que la toge n'abritait pas toujours l'avocat contre les sévérités d'une magistrature plutôt politique que judiciaire, il défendit plus d'une vieille gloire prévenue de ces délits aujourd'hui pour la plupart sans qualification légale, mais que venaient ordinairement atteindre de rigoureux châtiments, et il lutta avec courage contre les organes passionnés de l'accusation.

Quelques modestes fonctions dans la judicature étaient venues le chercher à la barre de la défense.

En 1804, on le vit juge suppléant au tribunal criminel du Puy-de-Dôme, et il siégea en cette qualité jusqu'en 1811, époque de l'installation de la cour impériale.

En 1812, il reçut une commission de juge suppléant au tribunal civil de Riom.

Les honneurs du bâtonnat lui furent décernés par ses confrères en l'année 1830, et peu de temps après son élévation à cette dignité, le choix du roi l'appela au premier poste de la magistrature du parquet de la cour. L'ordonnance qui le nomma procureur général, est du 14 août 1830. C'est l'un des premiers actes, pour notre département, du gouvernement de Juillet. Cette ordonnance fut presque immédiatement suivie de sa promotion au grade de chevalier dans la Légion-d'Honneur. Enfin, en 1834, il fut nommé président de chambre, il avait alors près de 64 ans.

Telle est, Messieurs, fort en abrégé, la biographie judiciaire de l'avocat et du magistrat : plus tard nous nous permettrons de vous donner notre appréciation personnelle sur les qualités qui le distinguèrent dans cette double carrière.

M. Tailhand siégea dans une de nos assemblées législatives. Il fit partie de cette chambre de représentants dont les pouvoirs furent brisés comme le trône impérial par le désastre de Waterloo.

Sous le gouvernement de la branche aînée, M. Tailhand appartenait à l'opposition constitutionnelle : il voyait avec douleur les tendances rétrogrades de quelques hommes d'un passé dont il jugeait le retour impossible. Selon lui, ces hommes étaient, sans s'en douter, les auxiliaires du régime même qu'ils s'efforçaient de conjurer. Aussi, Messieurs, s'associa-t-il, avec conviction, au mouvement de 1830 qui lui semblait devoir réaliser les sages principes d'un progrès sans convulsions.

Depuis ce moment, il ne prit qu'une faible part aux actes de la politique, et se dévoua presqu'entièrement aux devoirs de ses fonctions et à ses études scientifiques.

La mort de notre illustre directeur, M. le comte de Montlosier, laissait vacante la présidence de l'Académie. M. Tailhand était indiqué, autant par son assiduité à nos réunions que par la variété de ses connaissances. Nos suffrages l'appelèrent aux honneurs du fauteuil, et cette distinction lui fut continuée par deux élections successives. Vous savez, Messieurs, ce qu'il fut au milieu de nous.

Quoique parvenu à un âge avancé, le cœur et la tête de M. Tailhand n'avaient rien perdu de leur activité juvénile. Il vivait dans un petit cercle d'amis qu'il charmait par la facilité de son commerce et les agréments de sa conversation. La bienveillance était l'un des traits distinctifs de son caractère. Homme d'esprit, il aurait pu, comme tant d'autres, se laisser aller aux excitations du bon mot, aux démangeaisons de la médisance : il se tenait toujours en garde contre cette périlleuse disposition. Convaincu qu'il en est de la parole comme de la chute des corps, dont les blessures sont d'autant plus profondes qu'ils tombent de plus haut, il fallait voir, quand il y était forcé, avec quelle circonspection de langage il parlait des personnes, surtout de celles qui n'avaient ni ses affections ni son estime. Sur ces sortes de sujets, il semblait épuiser toutes les finesses de son esprit, toutes les stratégies de son imagination. Aux yeux de ceux qui n'avaient pas vécu dans sa familiarité, cela aurait pu laisser quelques doutes sur la sincérité de cet excellent homme ; rien pourtant n'eût été moins exact qu'une telle appréciation ; chez M. Tailhand c'était tout bonnement la bienveillance aux prises avec le besoin de dire la vérité, et dans ce combat qui donnait à sa conversation une tournure fort originale, la victoire était ordinairement du côté de la bienveillance.

L'on croirait peut-être que celui qui craignait tant de blesser un amour-propre était à cet endroit et pour ce qui le concernait d'une grande susceptibilité, ce serait une erreur ; nul n'acceptait avec plus de résignation la critique qui s'exerçait sur sa personne, nul ne se livrait avec une plus aimable bonhomie aux traits que, dans l'intimité, ses amis se plaisaient de temps en temps à lui adresser ; et certes, dans ces petites escarmouches qu'autorisent la liberté d'une joyeuse camaraderie, M. Tailhand aurait pu prendre de faciles et d'éclatantes revanches ; mais il pensait qu'il n'y avait pas de compensation entre ces éphémères triomphes obtenus par une saillie, et le regret d'avoir fait une légère blessure, même dans le cas de défense légitime. Chez lui c'était la bienveillance élevée presqu'à la hauteur de la charité chrétienne.

Faut-il, Messieurs, vous entretenir de son excessive urbanité. Les dieux s'en vont, disait, je crois, le plus grand historien de l'antiquité romaine : chez nous le gentilhomme a disparu, et avec le gentilhomme cette civilité nationale dont il était la vivante personnification. L'on a dit de M. Tailhand qu'il avait pris quelque chose à tous les régimes sous lesquels il avait vécu. Cette observation qui, si je ne m'abuse, renferme un éloge plutôt qu'une critique,

2

est vraie surtout en ce qui touche cette exquise politesse d'une autre société, l'un des derniers legs du
dix-huitième siècle, le seul peut-être que nous
n'ayons point accepté. M. Tailhand était bourgeois
par sa naissance ; il l'était par ses affinités et par ses
goûts, et cependant l'élégance de ses manières semblait lui donner une origine aristocratique. Le pour-
point armorié du gentilhomme avait déteint sur son
modeste habit de plébéien. Aussi, Messieurs, cette
politesse qui se montrait dans toutes ses habitudes,
et au milieu de ses relations officielles ou privées,
excitait quelquefois les railleries de ses amis qui s'avi-
saient de la prendre pour un anachronisme. M. Tailhand acceptait les épigrammes et persistait à les mé-
riter. Républicain d'ancienne date, puisque son bap-
tême remontait à la première Constituante, il croyait
que la politesse n'était point une apostasie, et qu'un
peu d'encens brûlé par les enfants sur l'autel de la
vieille déesse de leurs pères, ne ferait courir aucun
danger à la liberté. Il était même persuadé, par une
expérience récente, que si cette liberté, qui fut son
idole, était jamais menacée, elle trouverait probablement plus de sécurité en s'abritant sous l'atticisme
monarchique des hommes du passé qu'en se plaçant
sous la protection de la rudesse démocratique des citoyens de l'avenir.

M. Tailhand se plaisait à discourir plutôt qu'à
discuter. Toute discussion suppose un combat, et

tout combat peut occasionner une blessure, au moins une contusion. Sa bonté ne lui permettait pas de faire courir de telles chances à son adversaire. Dans une rencontre, il eût bravement subi le feu de son ennemi, mais soyez certains qu'il n'aurait pas hésité à tirer en l'air. Hâtons-nous de dire bien vite que l'exagération de ce sentiment ne lui fit jamais sacrifier une conviction ; mais il avait un tel respect pour les opinions des autres, qu'il aimait mieux se résigner à paraître les accepter que se condamner au supplice de les attaquer de front. Cette répugnance qu'il éprouvait à se prendre corps à corps avec des idées qui n'étaient pas les siennes, le faisait hésiter parfois sur les déterminations qu'il avait à prendre, et peut-être sert-elle d'explication et d'excuse à cette tactique dont il usait avec bonheur, et qui consistait à obtenir, par une sorte de force d'inertie, ce qu'il redoutait d'enlever par la spontanéité du raisonnement ou l'énergie de la volonté.

Comme M. Tailhand avait été contemporain des hommes et des choses de la grande révolution, ses souvenirs le ramenaient fréquemment à ces sujets. Pareil au vieux Nestor, il se plaisait à dire sa guerre de Troie. Il avait vu Mirabeau à la tribune, Camille Desmoulins sur sa chaise du Palais-Royal, et Robespierre, chez le menuisier Duplex. Hélas ! Messieurs, ces aimables conteurs des temps passés nous manqueront bientôt, car tous les jours une tombe se ferme

sur eux. L'on dit que Bassompierre réunissait dans
sa prison les jeunes seigneurs de la cour de Louis XIV,
pour leur enseigner les faits et gestes de leurs ayeux.
Nous aussi peut-être, verrons-nous, comme Bassompierre, la jeunesse se grouper autour de nous. En
attendant, essayons de conserver les récits de ces
hommes d'un autre siècle, car ce sont autant de
feuillets ajoutés à nos annales. Cette réflexion m'en-
hardit à vous raconter un épisode de la vie de
M. Tailhand qui se rattache à notre histoire révolutionnaire, mais que je renonce à reproduire avec ces
détails intimes et cet intérêt dramatique qu'il savait
y répandre. Quelques-uns d'entre nous, Messieurs,
qui l'ont entendu, souriront sans doute en l'écou-
tant. Pourquoi aussi n'en ont-ils point enregistré le
texte dans leur mémoire ? pourquoi du moins ne l'ont-
ils pas transcrit sous la dictée du narrateur ? C'était
ainsi que les vieux rapsodes transmettaient les poëmes
du vieil Homère.

La journée du premier floréal an 3 avait frappé
la famille Tailhand dans l'un de ses membres les plus
célèbres. Gilbert Romme, député de Riom, et cinq
de ses collègues de la Montagne se trouvèrent mêlés
au mouvement insurrectionnel qui pendant quelques
heures livra la Convention aux violences des fau-
bourgs. Ils devaient payer de leur tête cet audacieux attentat. Traduits devant une commission militaire, ils s'y défendirent avec éloquence et courage ;

mais la sentence qui, dans ces temps, était le dernier
mot de la justice humaine , vint les atteindre. Ces six
représentants avaient résolu d'échapper à l'ignominie
de l'échafaud. Ils renouvelèrent l'action de la femme
de Pétus. L'on sait qu'en sortant de la salle , Romme
se plongea dans le sein un couteau qu'il était parvenu
à dérober à la surveillance de ses gardiens, et que
cette arme , passant de main en main , servit d'instrument de mort à chacun de ses complices. Trois ,
dit-on , expirèrent à l'instant ; les trois autres subi-
rent leur condamnation. Quelques temps après cette
sanglante tragédie , le bruit se répandit que la main
de Romme avait failli à sa stoïque détermination.
L'on assurait que sa blessure , jugée mortelle sans
l'être en réalité , l'avait soustrait au supplice ; car
alors le bourreau s'arrêtait respectueux et muet devant le cadavre qu'il n'avait point fait. Mais comment
parvenir à vérifier une telle assertion : c'était le
secret de la mort. M. Tailhand fut chargé par la
famille d'éclaircir ce mystère. Il partit pour Paris , et
jugea qu'il devait sa première visite au terrible exé-
cuteur des hautes œuvres révolutionnaires. Laissons
parler notre collègue :

« En entrant dans la maison de Sanson, mes oreilles
furent frappées par des sons harmonieux. C'était une
voix de femme se mariant aux accords d'un clavecin.
De la musique dans un tel lieu et chez un tel homme !
Je crus m'être trompé d'adresse ; je n'étais pourtant

pas dans l'erreur. C'était bien le domicile de celui qui avait sur son habit du sang de Louis XVI mêlé à celui de ses juges ; l'imagination du Dante n'eût pas trouvé mieux. Peut-être allais-je entendre le chant de mort des Girondins, ou une romance de Fabre d'Eglantine, le lauréat des jeux floraux ; peut-être les derniers adieux du poète Chénier ou de Camille Desmoulins, cet autre poète qui du fond de sa prison, sous la plus touchante allégorie, suppliait sa pauvre Lucile de descendre de sa branche, afin de gratter encore pour ses petits (1). Je fus introduit par un officieux : à cette époque il n'y avait plus de valet, même chez le bourreau. Le salon où je fus reçu ne présentait aucun des attributs du maître du logis. Pas le plus petit emblème de place de Grève, pas la plus légère miniature du triangle égalitaire : c'était à ne pas y croire ; mais, en revanche, on y voyait des glaces, des fauteuils élégants, une riche pendule et des gravures représentant des scènes champêtres, car lorsque le drame était dans la rue, il fallait bien que l'églogue se réfugiât dans les salons. Une jeune fille était au clavecin : une dame plus âgée semblait lui donner une leçon de musique : je me trouvais en tête à tête avec la fille et la femme de Sanson. La première n'avait rien dans les traits qui

---

(1) Voir, à la suite, la note C.

révélât sa sinistre origine ; le doigt de Dieu ne l'avait pas marquée du sceau de sa réprobation. Elle était jolie et paraissait pleine de candeur. Ces deux dames, dont la mise avait une sorte d'élégance sans recherche, se montrèrent polies et empressées. Sanson était dans son cabinet. L'officieux, sur l'ordre de sa maîtresse, s'empressa de m'y conduire. Le bourreau, en robe de chambre, lisait et méditait : vous l'eussiez pris pour un homme de lettres. Qui peut savoir si, dans ce moment, il ne songeait pas à la publication de ses mémoires. Les mémoires de Sanson ne devaient-ils pas être un jour l'un des plus curieux documents de notre sanglante histoire. — C'est sans doute au citoyen Sanson que j'ai l'honneur de parler? — Oui, citoyen ; en quoi puis-je te rendre service? — La réponse était polie, mais elle me fit mal. — Citoyen, je viens recueillir auprès de toi un renseignement sur un fait que j'ai le plus grand intérêt à éclaircir. Permets-moi de te demander si tu as présidé à l'exécution des condamnés de prairial. — Sanson se recueillit un instant, puis il me répondit : Je crois, en effet, avoir présidé à cette exécution. — Dans ce cas, pourrais-tu me dire si le député Gilbert Romme a eu la tête tranchée comme ses autres collègues? — Sanson se recueillit de nouveau. — Jeune homme, me dit-il, après quelques secondes de réflexion, mes souvenirs sont trop confus pour qu'il me soit possible de faire à ta question une réponse catégorique; mais voici un registre qui pourra donner satisfaction à ta curiosité. Ce registre, c'étaient les tablettes de l'échafaud. Sanson chercha à la lettre R, le nom de Romme n'était point mentionné. Cette découverte était importante, mais elle n'était point décisive, car Sanson avoua que son livre n'avait pas toujours été tenu avec une grande régularité, la main de son secrétaire étant plus habile à faire tomber une tête qu'à l'inscrire sur le lugubre catalogue. Le renseignement avait besoin d'être contrôlé par un témoignage oculaire. Sanson tire le cordon de sa sonnette. — L'officieux se présente. — Fais venir le chef de service. — Ce fonctionnaire s'appelait autrefois le valet du bourreau. L'ordre fut exécuté. Le chef de service parut devant son supérieur. — Citoyen, lui dit Sanson, te rappelles-tu si tu as guillotiné le représentant Gilbert Romme? — Gilbert Romme!... c'est possible, mais tant d'autres citoyens ont passé sous le rasoir national que j'avais bien autre chose à faire que m'amuser à retenir leurs noms. — Cet interrogatoire laissait le fait aussi obscur que jamais : ma démarche n'aboutissait pas. Sanson crut devoir me venir en aide par un conseil. — Jeune homme, me dit-il, il ne te reste plus qu'à t'adresser au concierge de Clamard. Je courus au cimetière, je vis le concierge qui me conduisit dans un lieu ombragé par quelques saules. Il y a, me dit-il, au-dessous de nous plus de 900 têtes humaines, abattues par la hache du bourreau. Croyez-vous qu'en fouillant dans cet ossuaire, vous pourriez y reconnaître celle de votre parent. — Ce fut ma dernière visite ; je me retirai bien convaincu qu'il n'appartenait pas même aux fossoyeurs de Shakespeare de deviner le mot de cette grande énigme de la mort (1). »

L'étude avait été la passion dominante de M. Tailhand ; et l'âge, loin d'amortir cette passion, n'avait fait que lui donner plus de vivacité et d'énergie. Comme le jurisconsulte romain, il disait : J'aurais un pied dans la tombe que je voudrais encore apprendre quelque chose (2). Ce besoin de savoir, il ne le renfermait pas dans le cercle des nécessités de sa profession ou des exigences de la magistrature qui vint couronner sa vie ; il fallait d'autres aliments à sa curiosité, d'autres investigations à l'activité de son intelligence. L'histoire générale des peuples, l'histoire particulière des provinces, surtout de celle qui fut son berceau, la philologie, les sciences physiques et naturelles faisaient chez lui diversion aux recherches du juriste, aux méditations du magistrat. Jamais il ne restait inoccupé, et ceux qui le voyaient habituellement pourraient seuls vous dire

---

(1) Voir, à la suite, la note D.

(2) Papinien : *Si pedem in tumulo haberem, etiam adhuc addiscere velim.*

quelle était l'étendue et la variété de son instruction.

Si, pour l'homme d'études, la science a ses aspérités et ses dégoûts, pour l'homme du monde le savant a aussi ses répulsions et ses ridicules. Faut-il en accuser la science ou le savant? Je crois que la faute en est beaucoup plus à l'homme qu'à la chose. La langue d'Homère et de Démosthène est certainement, au dire des initiés, une langue admirable ; mais qui voudrait la parler sous le costume de Vadius et de Trissotin ? Ce qui rend en général le savant peu sympathique, c'est moins le fond que la forme. A mon avis, la science gagnerait beaucoup à être enseignée par d'autres professeurs que la plupart de ceux qui en ont reçu le brevet. Montaigne, qui s'y connaissait, trouvait que les vrais savants de son temps se distinguaient à leur modestie. « Il leur est » advenu, disait-il, ce qui advient aux épies de bled » qui vont s'élevant et haussant la tête droicte et » fière, quand ils sont vides, mais quand ils sont » pleins et grossis de grains en leur maturité, com- » mencent à s'humilier et à baisser les cornes (1). » M. Tailhand était le savant du philosophe périgourdin. Lui aussi *s'humiliait et baissait les cornes, comme l'épi de blé en sa maturité,* car sa modestie se montrait en toutes choses, et peut-être ne parais-

---

(1) Montaigne. Apologie de Raymond Sebond.

sait-elle jamais plus gracieuse et de meilleur aloi, que dans celles qu'il avait le plus étudiées. Sur ces matières, les entretiens de notre collègue semblaient révéler plutôt l'élève studieux qui soumet un doute et appelle une solution, que le maître qui veut dogmatiquement imposer un avis. M. Tailhand avait trop d'esprit pour être pédant, et trop d'expérience pour ne pas avoir remarqué que toute supériorité n'est acceptée qu'à la condition qu'elle ne blesse aucune prétention rivale.

Ses scrupules, sur ce point, allaient quelquefois jusqu'au sacrifice du plus légitime amour-propre. Ne l'a-t-on pas vu risquer sa réputation de géologue, en laissant librement passer une hérésie scientifique que l'un des visiteurs de son cabinet avait malicieusement hasardée en sa présence.

Toute parade d'érudition lui était antipathique; et s'il lui arrivait de montrer ce qu'il savait, c'était presque toujours, comme contraint par un devoir ou sollicité par un service. Ainsi, il ne fallut rien moins qu'une audience de police correctionnelle et les réponses inintelligibles d'un prévenu alsacien pour apprendre à la cour et au barreau que M. Tailhand était familier avec la langue de Goëte et de Schiller (1).

---

(1) Affaire Jenny Tobias, de Colmar. — Audience du 15 septembre 1848. — Siégeants : MM. Tailhand, président; Calemard-

La vivacité de son esprit ne lui permettait pas de se reposer longtemps sur le même sujet. Aussi ses journées se passaient-elles au milieu des travaux les plus divers. En regardant sur son bureau, vous y auriez découvert sans doute la glose de Godefroy coudoyant l'anatomie comparée de Cuvier, et tout près de là un roman de Paul de Kock servant de signet à un volume de Puffendorff.

M. Tailhand se tenait au courant de toutes les publications nouvelles; il suivait avec sollicitude le mouvement de la science, les progrès des arts, les découvertes de l'industrie; il ne dédaignait pas même d'étudier toutes ces rêveries philosophiques, tous ces systèmes prétendus économiques et sociaux, qui éclatent chez nous comme jadis la peste noire, comme aujourd'hui le fléau des bords du Gange; et il les jugeait avec sagacité. Doué d'une puissante mémoire, il retenait vite et conservait longtemps. Si, dans ses lectures, un fait instructif se produisait, s'il rencontrait un document historique ou scientifique intéressant, un aperçu nouveau, une pensée ingénieuse, il les annotait à l'instant. Personne, je crois, n'a consommé plus d'heures à ramasser des matériaux, à vérifier des dates, à composer des généalogies, à ex-

---

Dugenestoux, Grellet-Dumazeau, Londe, conseillers; et Vidal, conseiller auditeur.

M. André Imberdis, premier avocat-général, tenait le parquet.

traire des idées ; personne aussi n'ouvrit avec plus de facilité les tiroirs de son érudition à qui voulut y puiser. Qui de nous, Messieurs, n'a pas obtenu quelque don de cet aimable et généreux vieillard ?

Avec une instruction aussi variée, il peut paraître étonnant que notre collègue n'ait pas cédé au besoin de laisser après lui quelque ouvrage sérieux. Malheureusement, M. Tailhand étudiait beaucoup plus pour apprendre que pour produire. Cette patience d'analyse, si nécessaire à qui veut scruter la science jusque dans ses plus mystérieux secrets, n'allait pas à l'activité de son intelligence. Il aimait mieux butiner sur tout un parterre que s'enrichir dans le calice d'une fleur. Comme la curiosité jouait un plus grand rôle dans ses études que le désir d'une célébrité qui se conciliait si peu avec sa modestie, M. Tailhand ne pouvait pas toujours apporter dans ses recherches cet esprit de critique qui doit présider aux travaux de celui qui, en se livrant à la publicité, consent à courir les hasards d'une polémique ardente avec ses lecteurs. Un autre motif vient se joindre à ceux que nous signalons pour expliquer la répugnance qu'il éprouvait à se jeter dans la périlleuse carrière de l'écrivain. Cette facilité qu'avait M. Tailhand à communiquer ce qu'il savait par la parole improvisée, il ne la possédait pas au même degré par la parole écrite. Son imagination se condamnait, avec effort, au labeur d'une rédaction littéraire. Bien que ses études

classiques et la richesse de son vocabulaire lui eussent
rendu cette œuvre facile, il n'en fit jamais qu'une
occupation secondaire. Il lui semblait que le temps
employé à arranger des phrases, à polir des périodes,
à faire la toilette d'une idée, était presque un vol
fait à ses plaisirs; et pourtant à l'audience, comme
dans son cabinet, vous eussiez pu le voir sans cesse
occupé à manier la plume. Ce qu'il écrivait dans
quelques heures était incroyable; mais tout cela n'a-
vait rien de commun avec le travail de l'écrivain. Cet
exercice n'avait d'autre objet que de soulager sa mémoire. A toutes ces causes que nous indiquons pour
expliquer un fait anormal dans la vie d'un homme
qui pouvait à bon droit revendiquer le titre de savant, qu'il me soit permis d'en ajouter un dernier.
Quoique les goûts de M. Tailhand et les habitudes de
son esprit le portassent à faire plus de cas de l'étendue que de la profondeur, il avait la naïveté de penser que les habitudes et les goûts de l'écrivain devaient être d'une nature inverse. Il croyait que son
premier devoir était, comme celui de l'avocat, de
bien connaître son dossier. Notre collègue faisait de
cette croyance une sorte de symbole scientifique. Si
on lui demandait pourquoi lui, qui avait tant appris,
ne publiait rien, il répondait qu'il ne savait point
encore assez. M. Tailhand avait réuni sur l'histoire
de notre province de nombreux documents. Personne
n'eût été plus capable de composer un livre sur cet

intéressant sujet. Il s'y refusa constamment, et sa-
vez-vous le motif qu'il donnait : « Je ne puis, disait-
» il, entreprendre un tel ouvrage sans connaître les
» langues du plateau du Tibet. » Ce motif, qui peut
ressembler à une plaisanterie, n'avait, j'en suis cer-
tain, rien moins que ce caractère dans la bouche de
M. Tailhand, et c'était dans toute la sincérité de sa
conviction qu'il se plaisait à le répéter à ceux qui
s'étonnaient de sa détermination. Il est à regretter,
Messieurs, que ses scrupules se soient arrêtés devant
un pareil obstacle, car notre honorable président eût,
sans doute, doté nos archives d'un bon livre; et,
certes, en le lisant, nous lui eussions accordé amnis-
tie pleine et entière sur son ignorance des idiômes que
l'on parle dans la ville de Daba ou aux pieds du mont
Imaüs.

Il y avait chez M. Tailhand un tel besoin de s'ins-
truire, qu'aucun sacrifice ne lui coûtait pour le satis-
faire. Quoique sa fortune fût médiocre, il ne comp-
tait jamais avec sa caisse lorsqu'il s'agissait d'enrichir
sa bibliothèque, l'une des plus complètes du pays;
et, à la différence des collecteurs de livres, il se
croyait obligé de lire tous ceux qu'il achetait.

Membre de plusieurs sociétés savantes, il avait obtenu ces distinctions sans les chercher. La réputation
qu'il s'était acquise par ses connaissances historiques
l'avaient mis en communauté de travaux avec les
hommes éminents de la science, et dans cette com-

munauté les apports de **M.** Tailhand profitaient ordinairement à ses associés. Vous connaissez, Messieurs , la découverte qu'il fit en inventoriant et clas-
sant les archives de la ville de Riom. Une lettre de
Jeanne d'Arc, adressée *à ses bons amis les gens
d'église , bourgeois et habitants de Riom,* gisait depuis plus de quatre siècles ensevelie dans la poussière
de ces archives. Il eut le bonheur de l'exhumer.
Qu'une telle découverte eût été faite par l'un de
nos ingénieux bibliophiles qui exploitent aujour-
d'hui le champ du moyen-âge au profit du feuil-
leton, vous auriez eu probablement un intéressant
épisode à l'odyssée de la vierge de Veaucouleurs.
Pour **M.** Tailhand , ce fut une occasion nouvelle de
montrer sa modestie et son désintéressement. Après
vous avoir donné les prémisses de cette pièce , il l'a-
dressa à la société des antiquaires de France qui char-
gea **M.** Berriat-Saint-Prix, l'un de ses membres,
d'exprimer son avis sur son authenticité , et sur les
conséquences historiques que l'on devait en tirer.
Vous avez lu, sans doute, Messieurs le travail que
cet archéologue présenta à la société dans sa séance
du 4 mai **1844.** Le savant rapporteur y trouva le
moyen d'élucider quelques points de l'histoire de
Charles **VII,** restés jusqu'à ce moment dans l'obscurité , et de donner un démenti à certains auteurs
qui font de l'héroïne d'Orléans une femme complète-
ment illettrée.

La jurisprudence tenait le premier rang parmi les travaux sérieux de M. Tailhand. Entré au barreau à une époque où le Droit romain et les Coutumes jugeaient encore le plus grand nombre des procès, il s'attacha, dès ses débuts, à puiser à ces deux sources l'instruction nécessaire à l'exercice de sa profession. Avocat ou magistrat, il fit toujours deux parts de son temps, l'une qu'il consacrait à la science du juriste, l'autre à des études en dehors de cette science. Ce qu'il a colligé sur le droit ancien et la législation qui suivit est incroyable, à en juger par les manuscrits qui ont passé sous nos yeux. Mais ce travail est plutôt fait dans le but de faciliter des recherches que dans la pensée d'une composition doctrinale. Ce sont des tables alphabétiques et analytiques où sont indiquées les solutions aux questions qui se présentent le plus souvent dans la pratique des affaires. Aujourd'hui les collections de Sirey et surtout de Dalloz, beaucoup plus complètes rendent ces tables entièrement inutiles.

Outre ces manuscrits, nous avons de lui des notes sur les calendriers et sur les moyens de computer le temps et de fixer les dates d'après le rite ecclésiastique et d'après l'histoire.

Comme l'Auvergne avait été le terrain des explorations de toute sa vie, il réunissait avec un soin minutieux tout ce qui pouvait servir à mettre en lumière les faits obscurs de son histoire, ou ceux qui avaient échappé aux analystes et chroniqueurs de la province. M. Tailhand était versé dans l'art de déchiffrer les anciens titres, et peu de personnes n'avaient plus que lui compulsé nos vieilles chartes, et ne pouvaient en assigner les dates et en préciser les dispositions avec une plus scrupuleuse exactitude. Cette facilité qu'il avait acquise à force de patientes recherches lui était d'un grand secours dans la composition des généalogies des familles nobles du pays, travail qu'il jugeait nécessaire à l'intelligence de nos annales, et qu'on est heureux de signaler au milieu de ses nombreux manuscrits.

M. Tailhand ne cherchait pas seulement l'histoire de l'Auvergne dans les vieux documents écrits, il s'attachait à la découvrir dans les monuments contemporains. Ces antiques débris qui gisent encore sur notre sol, et semblent comme autant de pierres tumulaires recouvrir des sociétés éteintes depuis des siècles, il les avait curieusement examinés. Un marbre mutilé par la main du temps, une inscription, une médaille étaient autant de feuillets égarés qu'il fallait restituer au grand livre de notre histoire provinciale.

Ce n'était point assez pour M. Tailhand que l'archéologie de l'Auvergne, il voulut s'initier aux secrets de celle d'un pays qui fut le berceau de la civilisation du monde. Les travaux de M. Champollion sur l'Egypte lui firent naître la pensée de deviner la langue des hiéroglyphes. Une telle entreprise, si elle dépassait la mesure de ses forces, n'était pas au-dessus de sa volonté. Vous ne sauriez vous faire une idée de l'énorme quantité de notes que nous avons trouvées sur cet insoluble problème, en fouillant les papiers de son cabinet.

Ai-je besoin de vous entretenir de ses connaissances géologiques et de ses études sur la minéralogie et la botanique de nos contrées. Les souvenirs que vous avez conservés des séances présidées par notre directeur, vous en diront plus que mes paroles. Ces souvenirs vous le montreront discourant sur ces matières et sur beaucoup d'autres, sinon toujours avec cette autorité de langage qui est le partage des hommes spéciaux, au moins avec cette ingénieuse sagacité qui se fait écouter sans sourire, même par les maîtres de la science. Si M. Tailhand pouvait paraître superficiel sur bien des choses, à coup sûr il en était peu sur lesquelles il pût passer pour ignorant. Il ressemblait à ces philologues qui, sans avoir le génie de toutes les langues, en possèdent assez le vocabulaire et la syntaxe pour se faire comprendre de ceux qui les parlent habituellement. Rappelez-vous, Messieurs, ces réponses improvisées dont il saluait chacune de vos lectures, et dites si, dans toutes, il n'était pas au diapason du sujet, et si le savoir faisait jamais défaut à l'homme d'esprit ou l'esprit à l'homme de savoir....

Vous parlerai-je maintenant des sentiments philosophiques et politiques de M. Tailhand ?

Né dans la dernière moitié du dix-huitième siècle,
il avait pris à ce siècle quelque chose de son scepticisme et de ses théories radicales. Par les impressions
de sa jeunesse, il appartenait à cette église dont Vol-
taire, Rousseau et d'Alembert furent les pontifes, et
l'Encyclopédie le catéchisme. Aussi, Messieurs, vit-
il avec enthousiasme une révolution qui, en détrui-
sant de vieux abus, et réalisant d'utiles réformes,
semblait ouvrir à la génération nouvelle de vastes ho-
rizons de bonheur. Les réflexions de l'âge mur et les
enseignements de l'expérience purent affaiblir ces impressions, elles ne les effacèrent jamais complète-
ment. M. Tailhand vit se succéder bien des régimes ;
la liberté de penser et d'écrire lui fit connaître des
systèmes philosophiques et des utopies sociales de
natures bien différentes ; il assista comme spectateur
intelligent aux combats ardents de la tribune et de la
presse ; il fut témoin du naufrage de bien des cons-
ciences ; la sienne, quoique fortement ébranlée par
des chocs si violents et si répétés, resta pourtant de-
bout. Cependant ce scepticisme qui avait déteint sur
sa première éducation, se manifestait, au moins par
la forme, dans ses discours, alors même qu'il rendait
compte de ses principes les mieux arrêtés. Sur ces
sujets, M. Tailhand paraissait plutôt exposer un doute
que développer une conviction. Voilà ce que je pense,

semblait-il dire : mais il y a tant d'objections à faire
à mes idées, qu'il n'y aurait rien d'étonnant que je
fusse dans l'erreur, et peut-être ai-je grand tort de
penser ainsi. Au temps de la Ligue, notre président
eût été sans doute du parti de la réforme, mais soyez
certains qu'il n'y aurait jamais joué le rôle de Théo-
dore de Bèze.

Toute exagération lui était antipathique. Patriote
de 1789, quoique jeune alors et plein des bouillantes
ardeurs de son âge, sa politique s'arrêta au seuil de
la Convention. Il déplorait les excès qui souillèrent
cette Assemblée de sinistre mémoire, parce que sa
raison et son cœur lui criaient bien haut que sous le
Comité de salut public, la guillotine n'était pas plus
un argument en faveur de la liberté que, sous Phi-
lippe II, les bûchers de l'inquisition en furent un en
faveur de la Religion.

Le mouvement de 1848 jeta en lui un profond
sentiment de tristesse et de découragement ; c'est
qu'entre ce mouvement qu'il voyait au coucher de
son soleil et celui qu'il avait vu à son lever, il y avait
toute la distance d'une émeute de place publique à
une révolution. Hommes et choses, tout lui paraissait
odieux ou mesquin. 1789 avait sa cause logique,
1848 n'avait pas même un prétexte spécieux. Ici, de
généreuses passions mises en jeu par de longues souf-
frances et de blessantes inégalités ; là, des colères de
rues soulevées par des amours-propres sans passé,

ou des ambitions sans avenir. Avec son expérience et son bon sens., M. Tailhand comprenait que si la première révolution avait pu, par les obstacles qu'elle rencontrait dans sa marche, être entraînée jusqu'au crime, la seconde, par les instincts de ses auteurs, pouvait descendre jusqu'à la barbarie. Au milieu de cette tourbe d'agitateurs déguisés en tribuns, il voyait bien s'élever quelques têtes de Catilinas dégénérés, il ne pouvait y découvrir une seule figure de Spartacus. Chaque jour lui montrait les doctrines les plus insensées jetées en pâture à la multitude avec un cynisme qui aurait fait venir la rougeur au front des plus audacieux démagogues d'une autre époque, et il pleurait sur les malheurs de la patrie, car ce n'était point là cette République qu'il s'était créée dans ses illusions de jeune homme. Aurait-il pu penser, en effet, que du sein de la société française du 19e siècle, sortirait un drapeau portant une déclaration de guerre à Dieu, à la propriété, à la famille, et que lui, homme de bien et de progrès, serait appelé à voir des êtres intelligents s'enrôler sous ce labarum de la stupidité et de la folie? L'athéisme était-il donc le dernier terme d'une civilisation conquise sous la bannière du christianisme? M. Tailhand était effrayé de cette horrible dépravation de la pensée humaine, et il eût préféré les tables de proscriptions de Marat aux feuilles socialistes de Proudhon ; car les unes ne faisaient tomber que des têtes, les autres abattaient des croyances.

Les idées religieuses de M. Tailhand n'étaient sans doute pas de la plus rigoureuse orthodoxie ; mais il se serait reproché comme une mauvaise action toute allusion irrévérencieuse, toute parole équivoque envers le culte et ses ministres. S'il ne pratiquait pas toujours, il était plein de tolérance pour ceux qui pratiquaient. A ses yeux, la religion était une grande institution sociale, dont il fallait respecter les dogmes, alors qu'ils paraîtraient contraires à la raison philosophique. Pour lui, c'était encore un de ces magnifiques monuments des anciens âges d'où sortaient des voix mystérieuses et qui avaient droit à la vénération de ceux mêmes qui n'avaient jamais eu le bonheur de les entendre.

Jusqu'à ce moment, Messieurs, je vous ai entretenus beaucoup plus du savant et de l'homme privé que du défenseur et du magistrat. Je manquerais à mon mandat si je ne retraçais à vos souvenirs celui qui, pendant près d'un demi-siècle, porta avec honneur la toge ou l'hermine.

M. Tailhand, nous l'avons dit, n'était point né pour les luttes ardentes. Sa bienveillance y résistait, et pourtant le sentiment d'un devoir à accomplir ou d'une injustice à réparer, produisirent quelquefois en lui des effets qui semblaient incompatibles avec son organisation. Ceux qui, plus âgés que nous, ont été à même de le juger dans sa carrière d'avocat, se rappellent certains duels de cours d'assises où il se montra l'adversaire heureux des plus chaleureux joûteurs du parquet ou du barreau. Toutefois , la nature de son talent ne se prêtait que difficilement à ces mouvements d'une éloquence soudaine qui arrache un acquittement en jetant le trouble ou la terreur dans la conscience du jury. Sa parole avait ordinairement plus de douceur que d'énergie , plus de persuasion que d'entraînement. La prière lui était naturelle ; la colère ou l'indignation n'allaient point à ses allures. Il obtenait plus en faisant un appel à la clémence du juge qu'en s'adressant à ses passions. Aussi, Messieurs, le peuple, qui le connaissait et qui l'aimait, l'appelait-il, dans son langage métaphorique, l'*avocat à la langue d'or* (1).

Dans les affaires civiles , M. Tailhand fut peut-être moins homme pratique que de théories. Esprit plus synthétique qu'analytique, le fait n'était pas toujours dans la préparation de ses causes l'objet d'investigations assez minutieuses. Comme il avait beaucoup appris dans les livres de jurisprudence, il se plaisait à appeler son adversaire sur le terrain du droit plutôt que sur celui du fait ; aussi, le point à juger passait-il quelquefois un peu trop à travers les mailles d'une discussion doctrinale. En général, il discourait plutôt qu'il n'argumentait sur les procès.

____

(1) Voir, à la suite, la note E.

Ce défaut, car c'en était un, ne l'empêcha pourtant pas de se classer parmi les avocats distingués du ressort de la Cour.

La magistrature devait être la récompense d'une vie si occupée. Sa réputation, plus encore que la part qu'il avait prise au mouvement politique de 1830, le désignait à cette haute distinction. M. Tailhand n'était plus jeune lorsqu'il fut élevé au procuralat. Peut-être fallait-il dans ce poste difficile un autre caractère que celui dont il était doué, peut-être n'avait-il pas assez de décision dans la volonté, assez de spontanéité dans l'action administrative, peut-être enfin pouvait-on lui reprocher trop de mansuétude dans l'exécution des mesures de rigueur contre les personnes ; mais il faut reconnaître que, si le caractère qui lui était propre le fit juger insuffisant aux sévérités des fonctions qu'il devait à un incontestable mérite, il rendit sa magistrature douce et heureuse à ses subordonnés ; et que les affections que le procureur général s'était acquises ne perdirent rien de leur énergie lorsque le ministre crut devoir l'appeler à l'honneur de l'une des présidences de la Cour.

Parmi les qualités qui appartenaient à notre collègue, il en était une devant laquelle toutes les autres semblaient s'effacer : c'était l'amour du devoir. Avocat ou magistrat, il fit de cet amour le culte de sa vie entière, et l'âge qui amortit toutes les passions lui laissa cette dernière, sans y toucher. Devant vous,

Messieurs, dont il fut, pendant plus de vingt ans, le collaborateur et l'ami, je pourrais, sans doute, me contenter de dire que son dévouement à ses fonctions ressemblait à son dévouement à la science. Toutefois, qu'il me soit permis à moi qui l'honorai à un autre titre que celui qui me fait prendre la parole dans cette enceinte, d'ajouter quelques mots au laconisme de ma pensée. Le devoir, pour M. Tailhand, ne consistait pas seulement dans une exactitude devenue proverbiale à la Cour et au barreau, car l'exactitude tenait plus assurément à la nature polie de son caractère qu'à l'observation d'une règle écrite dans le code de la magistrature. Il donnait au devoir une plus haute signification. Dans sa conscience, ce n'était point assez qu'une rigoureuse assiduité, il croyait que le citoyen investi de la glorieuse mission de rendre la justice avait une autre tâche à remplir; cette tâche commençait alors que finissait la première. Toute de méditation et d'étude, elle s'accomplissait en dehors des entraînements du prétoire et des sophismes des plaideurs.

M. Tailhand avait vu les anciens parlements, et il en avait conservé les traditions. Selon lui, la magistrature était plus qu'une fonction publique, elle était un véritable sacerdoce. Simple et retirée, sa vie ressemblait à celle de ces vieux jugeurs du temps d'Estienne Pasquier, et pourtant le goût de la retraite ne le fit jamais manquer à l'une de ces mille petites ser-

vitudes que la société impose même aux gens les plus
occupés. Qui pourrait lui reprocher d'avoir laissé une
lettre sans réponse, une carte sans visite. Quoiqu'in-
dulgent pour autrui, il était d'une grande sévérité
sur tout ce qui touchait à sa dignité personnelle. Il
don ait à la forme une importance dont ses collègues
moins scrupuleux le raillaient quelquefois : mais une
raillerie n'eut jamais la puissance de le corriger d'une
habitude qu'à tort ou à raison il rattachait à un devoir.

A l'audience, nul n'apportait plus d'attention aux
plaidoiries des défenseurs. Aucun mouvement d'im-
patience ne trahissait en lui la fatigue ou l'ennui. Il
attendait avec une évangélique résignation le dernier
mot de l'avocat, et souvent ce dernier mot se faisait
longtemps attendre. Il annotait tout ce qu'il enten-
dait, les dispositions des actes, les questions nées de
leur interprétation, la discussion des défenseurs, celle
du ministère public, et jusqu'aux dates des pièces de
la procédure. Pour mon compte, j'ai la conviction
qu'en fouillant dans ses papiers, l'on y trouverait
sinon le texte au moins le canevas de la plupart des
plaidoyers prononcés à la chambre qu'il présidait.
Chez M. Tailhand, ce fastidieux travail était-il uni-
quement commandé par le besoin de voir clair dans
l'obscurité des procès ? Non, Messieurs, car sa péné-
tration et son habitude des affaires pouvaient le dis-
penser de cette minutieuse préparation ; mais il se
l'imposait surtout comme témoignage de déférence

pour une profession qu'il aimait. Le barreau avait été le théâtre de ses premiers succès : il lui rendait en bienveillance ce qu'il en avait reçu en considération. Ceux qui ont eu l'honneur de siéger avec lui , et nous sommes de ce nombre , savent jusqu'à quel point il poussait à cet égard la religion des souvenirs , le culte de la confraternité. M. Tailhand, comme tous ses collègues de la Cour, pouvait avoir des préférences justifiées par la différence des mérites qui se produisaient aux bancs de la défense : il se faisait une loi de ne la manifester ni à l'audience ni dans le délibéré. Hors de là il ne donnait qu'avec une extrême réserve son sentiment sur des talents parallèles; il gardait le silence sur des talents inégaux. Dans sa pensée, une opinion radicalement exprimée ne blessait pas seulement une susceptibilité, elle pouvait atteindre un intérêt professionnel.

Le vieux magistrat aimait la jeunesse et en était aimé. Il se plaisait à l'éclairer de ses conseils : mais il savait que pour être profitable, la meilleure leçon avait parfois besoin d'un passeport dont la gravité de la simarre n'a pas ordinairement la formule. Un mot heureusement significatif sorti de sa bouche allait plus sûrement au but que la savante paraphrase du plus habile moraliste. Les jeunes gens studieux ne faisaient jamais un inutile appel à ses lumières. Ses livres et son expérience étaient constamment à leur disposition.

Tel fut, Messieurs, dans sa vie judiciaire, l'homme regrettable que nous avons perdu.

Depuis quelques années, la santé de M. Tailhand avait éprouvé d'assez graves atteintes. Les eaux du Mont-d'Or, où il allait tous les ans passer une saison, enrayaient son mal, sans en détruire le germe. Il était d'ailleurs parvenu à un âge où les ressources de l'art sont impuissantes pour opérer de complètes guérisons. Cependant, la vigueur de sa constitution et la régularité de son régime pouvaient faire espérer à sa famille qu'il lui serait encore longtemps conservé. Une bien triste cérémonie contribua à hâter le moment d'une cruelle séparation. L'on vit un jour de cet hiver, par une matinée froide et humide, un vieillard, la tête nue et en habit de deuil, sortir de l'une des églises de Clermont. Sa figure était empreinte d'un douloureux recueillement. Il tenait l'un des coins d'un drap mortuaire. Celui dont il accompagnait le cercueil avait, pendant plus de dix ans, siégé à sa droite dans nos réunions académiques; il l'avait souvent remplacé au fauteuil de la présidence. Comme lui, il avait tracé son sillon dans le champ de la vie; comme la sienne, son existence s'était écoulée entre deux passions, l'étude et le devoir. Les restes inanimés de M. Gonod reposaient dans ce cercueil, autour duquel se pressait une population attristée. Il salua d'un dernier adieu le laborieux collègue, le professeur distingué, le savant modeste, qui allait disparaître sous quelques couches de terre. Hélas! Messieurs, l'adieu d'un vieillard à une tombe est-il donc autre chose que le revoir au lendemain de ce-

lui qui reste à celui qui s'en va. M. Tailhand devait
suivre à peu de distance l'homme de bien qui venait
de partir. La maladie qui sommeillait en lui se ré-
veilla au contact de cette bière. Bientôt ses progrès
furent si rapides qu'ils enlevèrent à ses amis tout espoir de le conserver. Notre collègue put juger, dans
cette circonstance, combien étaient encore chers à ses
concitoyens les derniers lambeaux d'une vie que la
science du médecin disputait à la science de la mort:
car la popularité qui lui était restée fidèle, même dans
les fonctions publiques, ne lui faillit point au terme
que la Providence lui avait assigné. Ceux qui ont suivi,
comme nous, la maladie de M. Tailhand, pourraient
vous dire de quelles unanimes sympathies il fut en-
touré alors que la nature et le caractère de ses souf-
frances durent faire présager une fin inévitable et pro-
chaine ; ils pourraient vous dire avec quelle sollicitude ses compatriotes de tous les rangs, de toutes
les conditions, interrogeaient les personnes de sa
maison sur les chances qui restaient encore, non
point à un retour à la santé, mais à un ajournement
avec la mort ; et lorsqu'un cercueil parut sur le seuil
de cette maison désolée, ils pourraient vous dire ce
qu'il y avait de profonde tristesse et d'expansives affections dans cette longue file de citoyens qui en
sortaient pour lui servir d'escorte ; ils pourraient vous
dire enfin si les prières des pauvres qui connaissaient
sa main bienfaisante quoiqu'il s'efforçât de la cacher,
manquèrent sur son passage, et si les touchantes

paroles prononcées sur son tombeau trouvèrent de l'écho dans le cœur de toute la cité (1).

Nous en avons fini, Messieurs, avec la tâche dont vous nous aviez honoré. Nous vous avons entretenu de l'homme qui, pendant près de trente années, a partagé vos travaux ; nous vous l'avons montré dans les diverses phases de sa longue existence. Avocat ou magistrat, il laissera dans cette double carrière un nom vénéré. Pourquoi faut-il que ses labeurs scientifiques aient été stériles pour le pays ? Pourquoi faut-il que nous, qui avons pu apprécier sa belle intelligence, en soyons réduit à vous parler de l'instrument sans pouvoir vous indiquer ses œuvres. Il y a là un secret que la modestie de celui qui n'est plus pourrait seule nous révéler. Mais quelle que soit la cause qui ait empêché M. Tailhand de rechercher une gloire que ses études auraient pu lui procurer, il en est une qui ne saurait manquer à sa mémoire, et celle-là, c'est vous qui l'a lui avez donnée, en plaçant sa présidence entre celles de deux illustrations dont à tant de titres l'Auvergne a le droit de s'enorgueillir (2).

***

(1) M. le président Molin, et M. Pierre Bertrand, docteur en médecine et secrétaire de l'Académie de Clermont. M. Tailhand est mort le 9 avril 1849.

(2) MM. de Montlosier et de Barante.

NOTES.

A.

Charles Romme fut l'ami de Lalande, qui publia dans l'histoire des mathématiques l'analyse et le résultat de ses expériences, en divers pays, sur la résistance des fluides, sujet mis au concours, en 1789, par l'Académie, et dont le prix fut partagé entre lui et M. de Gerlach. La science lui doit, entre autres ouvrages, l'Art de la mâture des vaisseaux et de leur voilure, une nouvelle méthode servant à déterminer les longitudes en mer ; deux dictionnaires : l'un de la marine française, l'autre de la marine anglaise ; le tableau des vents et des marées sur toutes les mers, et un grand nombre de mémoires sur la navigation. Il fut membre correspondant de l'Académie des sciences, et mourut à Rochefort, en l'année 1805.

Ce fut Gilbert Romme qui provoqua à la Convention le décret qui abolit le calendrier grégorien, pour y substituer la division décadaire et une nomenclature nouvelle des jours et des mois de l'année. Le rapport fait au nom de la commission chargée de la confection du calendrier républicain, fut présenté dans la séance du 6 octobre 1793 ; Fabre d'Eglantine en est le rédacteur ; Romme rédigea l'instruction sur l'ère de la République ; cette instruction fut décrétée par l'Assemblée nationale, pour être mise à la suite du décret du 4 frimaire. Le seul ouvrage qu'il ait publié est un Annuaire à l'usage des cultivateurs, espèce de commentaire destiné à remplacer dans le calendrier républicain les noms des saints

par des appellations empruntées à l'agriculture et spé-
cialement à la science de l'horticulteur.

Gilbert Romme était un savant distingué. Il s'était
surtout livré aux études physiques et mathématiques.
Il a laissé un grand nombre de manuscrits qui sont en la
possession de la famille Tailhand. L'on a de lui des notes
curieuses sur différents voyages qu'il fit dans plusieurs
contrées de l'Europe, et particulièrement dans l'Ukraine.

B.

La pièce que nous transcrivons nous a été communi-
quée par M. Versepuy, ancien pharmacien à Riom ; c'est
le fragment d'une lettre qui lui fut écrite, en 1838, par
M. Tailhand. Elle fut rédigée pour rectifier ce qu'il pouvait y avoir d'inexact dans un projet de relation dressé
par M. Versepuy, des faits qui s'étaient accomplis à Paris
à l'occasion de la lutte entre les deux villes qui se dispu-
taient le siége de la Cour. La voici textuellement :

» Il me semble qu'il ne faut pas dire : *Riom allait*
» *succomber malgré le..... lorsque le général Chaptal*, etc.

» Parce que , 1º. les faits ne se sont pas passés ainsi ;
» 2º. qu'il serait imprudent de faire dépendre la réussite
» de cette affaire de la seule intervention du général.

Voici la vérité :

» Nous avions vu presque tous les conseillers d'Etat,
» excepté le général Bernadotte et quelques autres gé-
» néraux qui faisaient avec lui partie de la section de
» la Guerre au Conseil d'Etat. Il était important d'ob-
» tenir leur suffrage; nous ne savions à qui nous adres-
» ter , lorsque le général Chaptal, étant à Paris, vint
» nous voir. Nous lui demandâmes s'il connaissait le
» général Bernadotte assez pour nous présenter à lui ,
» et le prier de s'intéresser à notre ville. Sur sa réponse

» affirmative, nous fûmes de suite avec lui à Mousseaux,
» qu'habitait alors le général Bernadotte. Nous le trou-
» vâmes, et lui exposâmes l'objet de notre mission. Il
» nous écouta avec bienveillance et attention : il com-
» prit parfaitement toute l'importance de cette affaire
» pour Riom, et nous dit : Vous pouvez compter non-
» seulement sur ma voix, mais sur celle de mes collègues
» de la section de la Guerre au Conseil d'Etat, si je puis
» l'obtenir ; allez de suite m'attendre dans le salon qui
» précède celui du Conseil d'Etat, je vous rendrai
» compte de ce que j'aurai fait. Il fut exact à tenir sa
» promesse : il vint nous joindre après une heure d'at-
» tente, et nous dit, en riant : *Tout va bien ; vous avez*
» *ces messieurs.*

» Il faut savoir qu'en même temps, Mme Désaix de-
» manda au premier consul l'établissement de la Cour
» à Riom, et l'obtint.

» Ne pourriez-vous pas rendre votre phrase par celle-
» ci : *Les députés de la ville de Riom n'avaient pu être*
» *présentés par tous les membres de la section de la Guerre,*
» *lorsque le général Chaptal, qui se trouvait à Paris,*
» *fut leur intermédiaire auprès du général Bernadotte,*
» *chez lequel il les conduisit. Ce général reçut, avec un*
» *accueil franc et bienveillant, les députés, écouta leurs*
» *raisons, promit de les faire valoir, par lui et ses col-*
» *lègues, au Conseil d'Etat. Ce secours fut immense, et*
» *on en doit des remercîments au général Chaptal.*

» Au reste, Monsieur, je ne puis que vous soumet-
» tre mes observations pour répondre à l'honneur de
» votre communication.

» Agréez mes amitiés.

» J.-B. Tailhand. »

Riom, 25 janvier 1858.

C.

**FRAGMENT D'UNE LETTRE DE CAMILLE DESMOULINS ÉCRITE
A SA FEMME DE SA PRISON DU LUXEMBOURG.**

Duodi germinal , 5 heures du matin.

« Pardon, chère amie, ma véritable vie, que j'ai per-
» due du moment qu'on nous a séparés, je m'occupe
» de ma mémoire, je devrais bien plutôt m'occuper de
» te la faire oublier, ma Lucile, mon bon Loulou, *ma*
» *poule à Cachant* (1), *je t'en conjure, ne reste point sur*
» *la branche, ne m'appelle point par tes cris, ils me dé-*
» *chireraient au fond du tombeau, va gratter pour ton*
» *petit.* Vis pour mon Horace, parle-lui de moi, tu lui
» diras ce qu'il ne peut pas entendre, que je l'aurais bien
» aimé ! Malgré mon supplice, je crois qu'il y a un Dieu.
» Mon sang effacera mes fautes, les faiblesses de l'hu-
» manité ; et ce que j'ai eu de bon, mes vertus, mon
» amour de la liberté, Dieu le récompensera. Je te re-
» verrai un jour, ô Lucile ! ô Annette ! Sensible comme
» j'étais, la mort, qui me délivre de tant de crimes,
» est-elle un si grand malheur? Adieu, Loulou ; adieu,
» ma vie, mon âme, ma divinité sur la terre ! Je te
» laisse de bons amis, tout ce qu'il y a d'hommes ver-

---

(1) Cachant est un petit village près de Paris, sur le chemin
de Bourg-la-Reine, où Mme Duplessis (belle-mère de Camille)
avait une maison de campagne. Camille et Lucile, en allant
voir Mme Duplessis, avaient souvent remarqué à Cachant une
poule qui, inconsolable d'avoir perdu son coq, restait jour
et nuit sur la même branche, en poussant des cris qui déchi-
raient l'âme ; elle ne voulait plus prendre de nourriture et demandait la mort. C'est à cette poule que Camille fait ici allusion.

» tueux et sensibles. Adieu, Lucile, ma Lucile ! ma
» chère Lucile ! adieu, Horace ! Annette (1) ! Adèle (2) !
» adieu, mon père ! Je sens fuir devant moi le rivage
» de la vie. Je vois encore, Lucile ! mes mains liées
» t'embrassant, et ma tête séparée repose encore sur
» toi ses yeux mourants ! »

Buchez et Roux,

Histoire parlementaire de la Révolution française,
t. 52, p. 280.

D.

EXTRAIT DE LA RELATION DU JUGEMENT RENDU PAR LA COMMISSION MILITAIRE INSTITUÉE POUR JUGER LES AUTEURS OU FAUTEURS DE LA JOURNÉE DU 1er PRAIRIAL, ET DES FAITS QUI S'ACCOMPLIRENT APRÈS LEUR CONDAMNATION.

Le jugement est du 20 prairial an 3.

Les membres de la commission militaire étaient :

1o. M. J. Capitain, chef de brigade (vice-président);
2o. Verger, adjudant-général, chef de brigade ;
3o. Talmet, chef d'escadron ;
4o. Fabre, capitaine de cavalerie ;
5o. Deville, volontaire.

Les accusés :

1o. Gilbert Romme ;
2o. Ernest-Dominique-François Duquesnoy ;
3o. Jean-Michel Duroy ;
4o. Pierre Bourbotte ;

---

(1) Nom familier que Camille donnait à Mme Duplessis.
(2) Sœur de Lucile.

5°. Pierre-Amable Soubrany ;

6°. Jean-Marie-Charles-Alexandre Goujon ;

7°. Jean-Charles Peyssard ;

8°. Pierre-Jacques Forestier.

Les six premiers furent condamnés à la peine capitale, Peyssard à la déportation, et Forestier fut acquitté.

Les condamnés, dit la relation dont nous présentons l'extrait, ont remis sur le bureau leur carte de députés pour être transmis à leur famille.

En descendant l'escalier, ils se sont portés des coups de couteau et de ciseaux.

On assure que Bourbotte a dit en se frappant : Voilà comme un homme de courage sait terminer ses jours.

Ils n'avaient pour tous que deux couteaux et une vieille paire de ciseaux, dont ils se sont servis l'un après l'autre. On les a fait entrer dans la pièce au rez-de-chaussée qui leur avait d'abord servi de prison.

Un officier de gendarmerie a apporté au président de la commission un couteau avec lequel il a dit que Bourbotte s'était tué. Bientôt après on a annoncé que cinq des condamnés s'étaient frappés. On a encore apporté le second couteau et les ciseaux.

. . . .

On croit que les armes dont ils se sont servis étaient cachées dans la doublure de leurs habits.

Le commandant du poste a été à l'instant arrêté.

On a fait venir un officier de santé pour vérifier l'état des condamnés, et pour savoir s'ils pouvaient supporter le transport de la prison au lieu du supplice. *Il a annoncé que Romme, Goujon et Duquesnoy étaient morts.*

Romme paraissait s'être porté des coups, non-seulement au corps, mais au cou, et jusque dans le visage. *Le sang dont il était couvert le rendait méconnaissable.*

Goujon semblait avoir éprouvé des crispations en mourant, car sa figure et surtout ses lèvres étaient dans un état de contraction très-remarquahle.

Des trois qui furent conduits au supplice, Soubrany paraissait être le plus blessé. Sa plaie était au côté droit, et il était tout ensanglanté. Le sang qu'il avait perdu lui avait ôté toutes ses forces, et il était étendu dans sa charrette.

La contenance de Duroy était ordinaire.

Bourbotte fut celui qui montra le plus de fermeté. Il était bien assis et regardait autour de lui.

Avant de sortir de la maison où ils avaient été jugés, Duroy disait dans la cour : « Les assassins jouissent de » leur ouvrage..... que je suis malheureux de m'être » manqué !..., ces mains-là étaient-elles faites pour être » liées par le bourreau ?.... Jouissez, Messieurs les aris- » tocrates..... »

Il s'est ensuite répandu en injures contre plusieurs personnes qui étaient dans la cour.

Soubrany disait : *Laissez-moi mourir*. Arrivé à la place de la Révolution, on a été obligé de le porter sur l'é- chafaud.

Bourbotte, qui est mort le dernier, a encore donné, dans ce moment extrême, une preuve du courage qui ne l'a point abandonné durant tout le cours de son pro- cès. Pendant qu'on l'attachait, il parlait au peuple qui était au bord de l'échafaud. A l'instant où il était baissé pour recevoir le coup fatal, on s'aperçut que le couteau n'avait pas été remonté ; on redressa le patient pour re- lever l'instrument. Il employa ce temps à parler encore à ceux qui l'entouraient. . . . .

Cette relation est signée : AIMÉ JOURDAIN.

(BUCHEZ et ROUX, *Histoire parlementaire.*)

E.

Cette honorable qualification remonte à l'année 1815, et se réfère au fait suivant.

A cette époque, M. Tailhand fut chargé de défendre, devant la cour prévôtale, un ancien militaire, dont le crime était d'avoir porté sur ses vêtements des boutons à l'aigle impériale, et d'avoir proféré des cris séditieux.

L'accusation fut passionnée ; la défense fut ardente. L'avocat, qui avait les sympathies de son auditoire, parla avec enthousiasme de ces gloires encore toutes récentes que le pouvoir d'alors s'efforçait de ravaler. — Le prévenu fut acquitté.

En sortant de l'auditoire avec son client, M. Tailhand se vit arrêté sur son passage par une foule nombreuse qui l'entoura le chapeau à la main. L'un des assistants, vieux cultivateur, prit alors la parole, et lui dit, dans son patois auvergnat : *Ami, conserve-nous ta langue d'or, nous conserverons ta tête.*

Cette promesse ne fut pas oubliée : quelques mois plus tard, le domicile de M. Tailhand fut cerné par la gendarmerie et la police, qui étaient venus s'assurer si le colonel Labedoyère n'y avait pas reçu asile. Mais, au même instant, une foule compacte de cultivateurs arrivait, armée d'instruments aratoires, pour protéger la maison du citoyen dont ils connaissaient le dévouement à leurs intérêts et le patriotisme éclairé. La gendarmerie se retira en présence de cette manifestation.

Clermont, Impr. de Thibaud-Landriot frères.